ZAÏDE,
REINE DE GRENADE,
BALLET - HÉROIQUE,
REPRÉSENTÉ,

POUR LA PREMIERE FOIS

PAR L'ACADEMIE - ROYALE

DE MUSIQUE,

Le Jeudi 3 Septembre 1739.

Repris les Jeudi 13 *Mai* 1745 & 17 *Août* 1756,

Et remis au Théâtre le Mardi 24 Avril 1770.

PRIX XXX. SOLS.

AUX DÉPENS DE L'ACADÉMIE.

A PARIS, Chés DE LORMEL, Imprimeur de ladite Académie, rue du Foin, à l'Image Sainte Genevieve.

On trouvera des Exemplaires du Poeme à la Salle de l'Opera.

M. DCC. LXX.

AVEC APPROBATION ET PRIVILEGE DU ROI

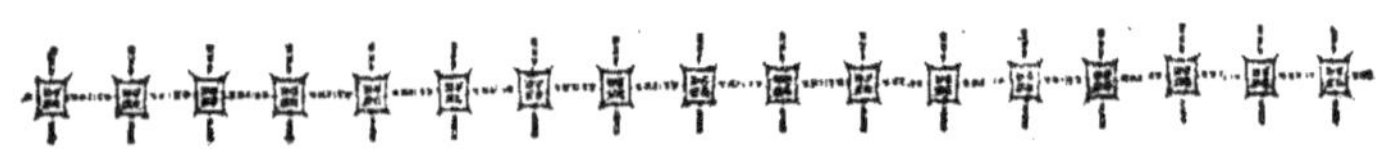

Le Poeme eſt de **LA MARE.**

La Muſique eſt de **ROYER.**

ACTEURS CHANTANTS.

DANS LES CHŒURS.

Côté du Roi.		Côté de la Reine.	
Mesdemoiselles.	*Messieurs.*	*Mesdemoiselles.*	*Messieurs.*
du Puis.	Héri.	Reich.	l'Écuyer.
d'Hautrive.	Cailteau.	Floquet.	Albert.
d'Avantois.	Candeille.	Hebert.	Tourcati.
le Bourgeois	Van-Hecke.	l'Etienne.	Pâris.
Durand.	Vatelin.	d'Agée.	Lagier.
Fontenet.	Beghaim.	des Rosieres.	Ghuiot.
Renard.	Larssure.	Jouette.	Capoi.
Girardin.	Larlat.	de l'Or.	Martin.
Veron.	Robin.	Chenais.	Boi.
Denis.	Méon.	Fabri.	Laurent.
Beauvernier.	Botson.	le Queux.	Huet.
Héri.	Cleret.	Rouxelin.	Parant, c.
	Tacusset.	Thibaut.	Itasse
	Royer.		Baillion.
	Fradelle.		Jalaguier.
	Cazal.		Peire.
			Jouve.
			Noel.

ACTEURS CHANTANS
DU PROLOGUE.

MARS,	M. Durand.
GUERRIERS *François.*	
VÉNUS,	Mle. du Plant.
L'AMOUR,	Mlle. Rosalie.

Suite de MARS.

Suite de VÉNUS.

Suite de L'AMOUR.

PERSONNAGES DANSANTS.

LES GRACES.

Mlles. de l'Orme, Louison, Levret.

JEUX ET PLAISIRS.

M. MALTER, Mle. MION.

Mrs. Hennequin, l., Aubri, Henri, Fay, du Chaisne, le Roi, l., Balderoni, Abraham.

Mlles. d'Elsevre, l'Huillier, Auberte, Rozete, le Hou, Martin, du Mesnil, Henriette.

PROLOGUE.

Le Théâtre représente le palais de MARS, *avec tous les attributs du dieu de la guerre.*

SCÈNE PREMIÈRE.

MARS, & SA SUITE.

MARS.

De l'univers, entre-eux, les dieux font le partage ;
Tout cede à mon pouvoir, ma gloire eſt mon ouvrage :
Je diſpenſe, à mon gré, les lauriers & les fers ;
Arbitre du bonheur, & maître des revers,
Je répands la terreur, j'inſpire le courage,
Et je tiens dans mes mains le ſort de l'univers.

Fameux guerriers, peuple invincible,
Accourés à ma voix ;
Reconnoiſſés le dieu terrible,
A qui vous devés vos exploits.

SCENE II.

MARS, & SA SUITE, GUERRIERS.

CHŒUR DE GUERRIERS.

ACcourons à ſa voix,
Suivons ſes pas, ſuivons ſes loix;
Reconnoiſſons ce dieu terrible,
Nous lui devons tous nos exploits.

MARS.

(*On entend une ſimphonie, qui annonce l'*AMOUR.)

Quels ſons flateurs ſe font entendre ?
Ah ! c'eſt l'Amour. Gardés-vous de l'attendre.
Ce dieu regne, en tiran, dans nos cœurs abattus.
La gloire ne peut rien ſur une âme qu'il bleſſe;
Pour perdre un ſiecle de vertus,
Il ne faut qu'un jour de foibleſſe.

SCÊNE III.

MARS, L'AMOUR, & LEURS SUITES;

L'AMOUR.

QUelle étrange leçon donnés-vous contre moi?

MARS.

Dans des lieux, où je règne, ôsés-vous bien paroître?

L'AMOUR.

Du-moins, autant que vous, je suis ici le maître.

MARS.

Un peuple de héros doit braver votre loi.

L'AMOUR.

Mars a-t-il oublïé son séjour à Cithere?

MARS.

La gloire à dû le condamner.

L'AMOUR.

Un seul regard de ma mere.
Suffit pour vous ramener.

Divinité des cœurs, souveraine des grâces,
Venés, volés, descendés en ces lieux;
Hâtés-vous de paroître... appellés sur vos traces
Le plaisir enchanteur, qui nous soûmet les dieux.

VÉNUS, paroît dans un char, accompagnée de Grâces, de Ris, & d'Amours.

MARS, appercevant VÉNUS.

Inutiles serments. Ah, que Vénus est belle!

SCÈNE IV.

VÉNUS, L'AMOUR, MARS, & LEURS SUITES.

MARS, aux genoux de VÉNUS,

DÉèſſe, faites grâce à ma témérité ;
Contre vous, aujourd'hui, vainement révolté,
Je n'en ſerai que plus fidele :
Le repentir d'une infidélité,
Fait plus d'honneur à la beauté,
Qu'une conquête nouvelle.

VÉNUS.

Pardonner trop aiſément,
C'eſt juſtifier l'offenſe.

MARS.

Mon crime, hélas ! n'a duré qu'un moment ;
N'étendés pas plus loin votre vengeance.

MARS, ET VÉNUS.

Aimons-nous, l'Amour nous diſpenſe
Tous ſes bienfaits dans ce beau jour ;
Par des nœuds plus conſtants célébrons ſa puiſſance:
C'eſt en aimant qu'on rend grâce à l'Amour.

VÉNUS.

VÊNUS, à sa suite.

Jeux & Ris, tracés-nous l'image
De ces biens charmants,
Qui sont des amants
La récompense & le partage.

(On danse.)

L'AMOUR.

Tout soûpire & me rend hommage;
Je ramene l'amant volage :
Tout soûpire & me rend hommage;
Par mes feux,
L'univers est heureux.

CHŒUR.

Tout soûpire & te rend hommage;
Tu ramenes l'amant volage :
Tout soûpire & te rend hommage;
Par tes feux
L'univers est heureux.

L'AMOUR.

Rien ne s'oppôse à mes projèts,
Le ciel est plein de mes sujèts;
Non, non, que rien ne vous dégage,
Mes traits sont des bienfaits.

CHŒUR.

Tout soûpire & te rend hommage ;
Tu ramenes l'amant volage :
Tout soûpire & te rend hommage ;
Par tes feux
L'univers est heureux.

MARS, à l'AMOUR.

Amour, daigne enflâmer ces guerriers indomtables,
Que j'ai pris soin moi-même de former.

L'AMOUR.

Sans en être moins redoutables,
Ils aimeront ; ils sont faits pour aimer.

Dans ces climats l'amour est le prix de la gloire ;
L'hommage d'un héros flate la vanité :
L'amant, offert par la victoire,
Est toûjours sûr d'être écouté.

VÉNUS, à l'AMOUR & à MARS.

Regnés tous deux sur ces peuples fideles ;
Qu'ils soient à votre empire également soûmis ;
Et qu'ils trïomphent des belles,
Comme de leurs ennemis.

MARS, VÉNUS, ET L'AMOUR.

Tendres amants, guerriers terribles,
Formés les concerts les plus doux;
Amants, ſoyés guerriers; guerriers, ſoyés ſenſibles;
La gloire & les plaiſirs ne ſont faits que pour vous.

CHŒUR.

Tendres amants, guerriers terribles,
Formés les concerts les plus doux;
Amants, ſoyés guerriers; guerriers, ſoyés ſenſibles,
La gloire & les plaiſirs ne ſont faits que pour vous.

(*On danſe.*)

VÉNUS.

Amour, lances tes traits;
Embellis mes attraits;

Tu rends la beauté piquante,
Tu fais briller ſes appas:
Si tu ne l'animes pas,
Elle eſt triſte & languiſſante.

Amour, lances tes traits,
Embellis mes attraits.

(*On danſe.*)

CHŒUR.

Tendres amants, guerriers terribles,
Formés les concerts les plus doux ;
Amants, ſoyés guerriers, guerriers ſoyés ſenſibles ;
La gloire & les plaiſirs ne ſont faits que pour vous.

FIN DU PROLOGUE.

ZAÏDE, REINE DE GRENADE.

AVERTISSEMENT.

LE ſujet de ce Poeme eſt, à peu de chôſe près, imaginé. Il n'y a d'hiſtorique que la haîne des Zégris & des Abencerages, Maiſons éternellement diviſées à Grenade, comme celles d'Yorck & de Lancaſtre en Angleterre.

ACTEURS

DU BALLET.

ZAÏDE, *Reine de* GRENADE,	Mlle. du Bois.
ZULEMA, *Prince Maure, chef de la maison des* ZEGRIS, *amant de* ZAÏDE,	M. Gélin.
ALMANZOR, *Prince Maure, chef de la maison des* ABENCERAGES; *amant de* ZAÏDE,	M. l'Arrivée.
OCTAVE, *Prince Napolitain, esclave; amant d'*ISABELLE,	M. le Gros.
ISABELLE, *Princesse Napolitaine, esclave; amante d'*OCTAVE,	Mde. l'Arrivée.

La Scène est dans le palais des rois de GRENADE.

ACTE PREMIER.

ZEGRIS.

M. D'AUBERVAL, Mlle. PESLIN.

Mrs. Hennequin, l., Hennequin, c., Caſter, Lieſſe, Martinet, le Roi, l.

Mlles. d'Auvilliers, le Roi, Mercier, de Launai, Fonbel, le Bel.

BENCERAGES.

Mlle. HEINEL.

Mrs. la Rue, Aubri, Simonet, Seveſtre.

Mlle. Louiſon, de l'Orme, Buret, Thevenet.

ACTE SECOND.

CHASSEURS.

M. GARDEL, Mlle. ASSELIN.

M. D'AUBERVAL, Mlle. PESLIN.

M. GIROUST.

Mrs. Hennequin, l., Aubri, Henri, Fay, du Chaiſne, le Roi, l., Balderoni, Abraham.

Mlles. l'Huillier, d'Elſevre, Auberte, Rozete, le Hou, Martin, du Meſnil, Henriette,

ACTE TROISIEME
ZÉGRIS ET *ABENCERAGES.*

M. Vestris.

Mlle. Heinel.

M. Malter, Mlle. Mion.

Mrs. Hennequin, c., Liesse, Caster, Martinet, le Roi, l., Simonet.

Mlles. d'Auvilliers, le Roi, Mercier, de Launai, Fonbel, le Bel.

Mrs. la Rue, Aubri, Simonet, Sevestre.

Mlles. Louison, de l'Orme, Buret, Thevenet.

ZAIDE,

ZAÏDE, REINE DE GRENADE.

ACTE PREMIER.

Le Théâtre représente un Amphithéâtre, préparé pour la naissance de ZAÏDE.

SCÈNE PREMIÈRE.

ZULEMA, OCTAVE, ISABELLE.

ZULEMA.

ZAÏDE fait aimer ses loix ;
Ses sujèts fortunés ont oublïé les rois :
Ce jour, marqué par sa naissance,
De ses peuples charmés va signaler l'amour ;
Et le mien seul, dans ce beau jour,
Hélas ! est réduit au silence.

Tu te ſouviens encor de ces moments heureux,
Où mon bras trïompha de la valeur d'Octave.

ISABELLE.

Nous ne voyons en vous qu'un vainqueur généreux.

ZULEMA.

Ton frere, près de moi, n'a que le nom d'eſclâve.
Pour toi, libre au milieu des fers,
Tu jouïs du même avantage;
L'auguſte reine que tu ſers,
Te laîſſe ignorer l'eſclavage.
De mes bienfaits je demande le prix;
Peins-lui les feux dont je me ſens épris:
D'un cœur, tel que le mien, préſente-lui l'hommage.

ISABELLE.

Vos exploits, mieux que moi, lui parleront pour vous:
Sur de pareils garents, prince, daignés m'en croire;
L'amour vous fera des jaloux,
Autant que vous en fait la gloire.

ZULEMA.

Je ne vois qu'un rival digne de m'allarmer.
Almanzor eſt heureux, puiſſant, plein de courage;
A Zaïde, en ſecret, il offre ſon hommage;
Je hais, en lui, ce qui le fait aimer:
Le ſang qui coûle dans nos veines,
Tout, juſqu'à nos vertus, éterniſe nos haînes,
Et nous force à nous eſtimer.

ISABELLE.

Zaïde, rêveuſe, inquïete,
Me cache l'état de ſon cœur:
Je ſoupçonne ſa défaite,
Mais j'ignore ſon vainqueur.

ZULEMA, à OCTAVE & à ISABELLE.

Du rival, qui me fait ombrage,
Suivés les pas, pénétrés les projèts;
Je veux l'immoler à ma rage,
Ou le compter au rang de mes ſujèts.

(*Il ſort.*)

SCÈNE II.

ISABELLE, OCTAVE.

ISABELLE.

NÉs pour commander aux humains,
Ah, faut-il que des fers déshonorent nos mains!
De malheurs inouïs, quel affreux aſſemblage!
L'amour nous rend heureux;
Le deſtin rigoureux
Nous livre à l'eſclavage.

OCTAVE.

Que n'êtes-vous libre en ces lieux!
Pourquoi partagés-vous mes malheurs & mes chaînes?
Si j'avois ſeul à me plaindre des dieux,
Je leur pardonnerois mes peines.

ISABELLE.

Zaïde choiſit un époux ;
Ses ſujèts, de ſa main, vont recevoir un maître ;
Zulema, trop fier, trop jaloux,
Si j'en crois mes ſoupçons, pourroit bien ne pas l'être ;
Je vois tout à craindre pour vous,
Si ſon rival obtient la préférence :
Objèts de ſa fureur, livrés à ſa vengeance,
Cher amant, que deviendrons-nous ?

OCTAVE.

Ménageons, avec adreſſe,
Ce prince dangereux :
Sous les lïens du ſang cachons les plus beaux nœuds ;
Dans la fête qui l'intereſſe,
Ne parlons que de ſes feux,
Et laïſſons à la princeſſe
A nommer un amant heureux.

ISABELLE.

Si je perds ce que j'aime,
Quel ſera mon ſecours !
Quand l'amour eſt extrême,
La crainte l'eſt toûjours.

ENSEMBLE.

Amour, puiſſant Amour, viens calmer nos allarmes :
Tu nous dois tes faveurs.
Tu cauſes nos malheurs ;
C'eſt à toi de tarir la ſource de nos larmes.

SCÊNE III.

ZAÏDE, ESCLÂVES *de sa suite*; OCTAVE ISABELLE.

ZAÏDE, à ses ESCLÂVES.

Esclâves, soûmis à ma loi,
Sortés, obéïssés à votre souveraine.
(*à part.*) (*Ils sortent.*)
Mon rang m'importune & me gêne;
Ils sont moins esclâves que moi.
(*à OCTAVE & à ISABELLE*)
Pour vous, dont je connois le zele & le mérite,
Demeurés en ces lieux;
Je permèts à vos yeux
De lire dans les miens le trouble qui m'agite.

ISABELLE.

Qui peut troubler votre bonheur?

ZAÏDE.

J'aime...

ISABELLE.

Rendés le calme à votre cœur,
Bannissés-en la triste défïance;
Ne doutés pas du plus tendre retour:
De vos attraits connoissés la puissance,
Ils vous répondent de l'Amour.

OCTAVE.

Ce dieu n'eſt jamais redoutable,
Quand on ſait tout charmer:
Il eſt gloriëux d'être aimable,
Mais qu'il eſt doux d'aimer!

ISABELLE.

Aimés, prenés l'Amour pour guide;
D'un hommage conſtant il vous rendra l'objet;
Et votre roi, belle Zaïde,
Sera votre premier ſujet.

OCTAVE.

Qu'à votre amant aimé votre cœur s'abandonne;

ISABELLE.

Hâtés-vous de le couronner.

OCTAVE, ET ISABELLE.

C'eſt à la gloire à mériter le trône,
C'eſt à l'amour à le donner.

OCTAVE.

Le peuple brûle de connoître
Cet amant, cet heureux époux:
Il attend un héros pour maître,
Puiſque le choix dépend de vous.

ISABELLE.

Quel mortel fortuné mérite tant de gloire?

ZAÏDE.

Il n'eſt pas tems encor de nommer mon vainqueur:
Allés, préparés-vous à chanter ſa victoire,
Et reſpectés les ſecrèts de mon cœur.

SCÈNE IV.

ZAÏDE, *seule.*

TÉmoins de mon indifference,
Lieux charmants, apprenés mon secret en ce jour:
Qua ndje bravois l'Amour & sa puissance,
Je ne connoissois pas Almanzor & l'Amour.

J'aime, je ne puis m'en défendre;
Un pouvoir inconnu me force de me rendre;
Heureux amant, tu n'as point de rivaux:
Cher Almanzor, viens, reçois la couronne:
D'accord avec mon cœur, la vertu te la donne;
L'amour & la vertu sont les droits des héros.

Témoins de mon indifference,
Lieux charmants, apprenés mon secret, en ce jour:
Quand je bravois l'Amour & sa puissance,
Je ne connnoissois pas Almanzor & l'Amour.

SCÈNE V.

ZAÏDE, ISABELLE, OCTAVE; *Peuples de* GRENADE.

(On danse.)

CHŒUR DE PEUPLES.

RÈgne à-jamais sur un peuple qui t'aime.
Plus brillante par ta beauté,
Par tes vertus, par ta bonté,
Que par l'éclat du dïadême.

(On danse.)

OCTAVE.

Aux yeux indifferents l'Amour est invisible;
Mais dans les cœurs, qu'il blesse de ses traits,
Il a mille secrèts pour se rendre sensible;
Et les yeux de l'amant ne s'y trompent jamais.

(On danse.)

ISABELLE.

Tendre Amour, enchantés nos cœurs,
Épuisés vos traits, regnés sur nos âmes:
Regnés, comblés nos ardeurs.

Doux plaisir, volés, portés-lui nos vœux;
Chantés nos flâmes:
Que ce dieu nous rende heureux.

Tendre

Tendre Amour, enchantés nos cœurs,
Épuisés vos traits, regnés sur nos âmes:
Regnés, comblés nos ardeurs,

Soûpirons, que le mistere,
Soit le guide de l'Amour;
L'amant discret, content de plaire,
Pour ses feux craint l'éclat du jour.

Tendre Amour, enchantés nos cœurs,
Épuisés vos traits, regnés sur nos âmes:
Regnés, comblés nos ardeurs.

(On danse.)

CHŒUR de Peuples.

Nommés un maître à vos peuples fideles.
Qu'il imite Zaïde, en nous donnant des loix:
Et qu'il obtienne, entre les rois,
Le rang qu'elle a parmi les belles.

ZAÏDE.

Peuples chéris, comptés sur mes bienfaits:
Guidés par les plaisirs, animés par la gloire,
Mérités, au sein de la paix,
L'honneur de la victoire:

Venés, dans les forêts,
Signaler votre adresse:

D

Avant la fin du jour, vous serés satisfaits,
Et je veux que mon choix vous prouve ma tendresse.

(*Le peuple accompagne la Reine, en reprenant le Chœur suivant.*)

CHŒUR.

Regne à-jamais sur un peuple qui t'aime.
Plus brillante par ta beauté,
Par tes vertus, par ta bonté,
Que par l'éclat du diadême.

FIN DU PREMIER ACTE.

ACTE SECOND.

Le Théâtre représente, d'un côté, un aile du Palais des rois de Grenade, & de l'autre, des jardins & le commencement d'une forêt.

SCÈNE PREMIERE.

ISABELLE, seule.

O Ciel ! je tremble, je frissonne ;
Je crains, à chaque instant, quelque nouveau malheur:
Écho, pardonne à ma douleur
Le triste soin que je te donne.

Pour un moment consens à m'écouter :
Je n'ai que des pleurs à répandre ;
Tu n'auras désormais que des plaintes à rendre,
Que des soûpirs à répéter.

O ciel ! je tremble, je frissonne ;

Je crains, à chaque inſtant, quelque nouveau malheur:
Écho, pardonne à ma douleur
Le triſte ſoin que je te donne.

SCÈNE II.

ISABELLE, ALMANZOR.

ALMANZOR.

POurquoi voulés-vous m'éviter ?
Iſabelle, un moment, daignés vous arrêter.
Que n'ai-je obtenu l'avantage
Que mon rival a remporté !
Ah, je l'aurois mieux mérité !
Et le jour de votre eſclavage
Fût devenu le jour de votre liberté.

ISABELLE.

L'intérêt généreux & tendre,
Qu'à mes douleurs vous daignés prendre,
Suſpend les maux que je reſſens :
Mais, captive, inconnue, en ces lieux étrangere,
Pour vous je ne puis faire
Que des vœux impuiſſants.

ALMANZOR.

Zaïde vous eſtime autant qu'elle vous aime :
La vertu brille dans les fers ;

Elle asservit ses maîtres même,
Et son empire est l'univers.
Vous pouvés tout sur le cœur de Zaïde;
Qu'en ma faveur son choix décide:
Que mon amour & mes vœux satisfaits,
Soient de vos soins l'heureux ouvrage.
Vos fers brîsés seront le premier gage,
Et le moindre de mes bienfaits.

ISABELLE.

De mon zele pour vous, que pouvés-vous attendre?

ALMANZOR.

Devenés sensible à l'ardeur
De l'amant le plus tendre:
(*Il se jette à ses genoux.*)
Ah! lisés, s'il se peut, dans le fond de mon cœur...
(*à* ZAÏDE, *qui paroît dans cet instant.*)
Vous m'avés entendu, prenés votre victime,
Reine, dans vos regards, je lis votre couroux:
Si l'amour vous paroît un crime,
Je suis coupable, vengés-vous. (*il sort.*)

SCÈNE III.

ZAÏDE, ISABELLE.

ZAÏDE.

Vous rougissés! quel trouble vous agite?
Répondés-moi: dois-je en croire mes yeux:

ISABELLE

Princeſſe, pardonnés.. je demeure interdite...
Conſultés Almanzor, il vous répondra mieux.

ZAÏDE.

Vas, j'ai tout entendu; fuis loin de ma préſence:
Le mépris ſeul enchaîne ma vengeance.

ISABELLE.

Écoutés moins votre reſſentiment,
Ne ſoyés pas à vous-même inhumaine:
Un, cœur qui ſe livre à la haîne,
Se livre au plus cruël tourment.
Ce prince...

ZAÏDE.

A tes genoux j'ai ſurpris le perfide.

ISABELLE.

A mes genoux il adoroit Zaïde.
Vous choiſiſſés un époux dans ce jour;
De mon foible ſecours, implorant l'aſſiſtance,
Il m'a donné ſa confiance,
Mais vous avés tout ſon amour.

ZAÏDE.

N'eſpere pas, par ce foible détour,
Amuſer mon eſpoir & tromper ma vengeance:

Ne te juroit-il pas...

ISABELLE.

Il me juroit pour vous une ardeur éternelle.

ZAÏDE.

Dois-en croire Isabelle?

ISABELLE.

Croyés-en vos appas.

ZAÏDE.

Quoi? mon amant ne m'est point infidele!

ISABELLE.

Eh! qui pourroit éteindre une flâme si belle?

ZAÏDE.

Tirans des cœurs, soupçons jaloux,
Vous me rendiés injuste & criminelle:

Tirans des cœurs, soupçons jaloux,
Fuyés, fuyés, éloignés-vous.

Vous nous troublés par de fausses allarmes,
Vous inspirés la haîne & la fureur:
Mais, quand l'amour a dissipé l'erreur,
L'amant justifié n'en a que plus de charmes.

Tirans des cœurs, soupçons jaloux,
Fuyés, fuyés, éloignés-vous.

Mais je vois le rival du héros que j'adore;
Pour un moment dissimulons encore.

SCÈNE IV.

ZAÏDE, ISABELLE, ZULEMA, *en habit de chasse*, OCTAVE.

ZULEMA, à ZAÏDE.

Que de monstres frappés vont tomber sous nos coups!
Nos chasseurs intrépides,
Pour mériter quelques regards de vous,
Deviendront de nouveaux Alcides.

ZAÏDE.

Cet exercice heureux, dans le sein du repos,
Vous fait jouïr de la victoire;
La chasse est un plaisir, inventé par la gloire,
Pour l'amusement des héros.

ZULEMA.

Dans de plus grands dangers, j'ai prouvé mon courage;
J'ai combattu, j'ai trïomphé pour vous:
Et mon amour vous présente un hommage,
Que n'effaceront pas tous mes rivaux jaloux.

ZAÏDE.

L'amour est une foiblesse,
Dont vous devés trïompher:
Votre gloire, qu'il blesse,
Vous forcera de l'étouffer.

ZULEMA.

ZULEMA.

Tous ces héros, dont la mémoire
Sert de modele à l'univers,
Ont ressenti l'amour, sans offenser la gloire.

ZAÏDE.

On leur a fait un crime de leurs fers.

ZULEMA.

Ah! les miens sont trop beaux pour en juger de même.
Sous le poids de leurs fers ils étoient abattus;
S'ils avoient aimé, comme j'aime,
On eût compté l'amour au rang de leurs vertus.

ZAÏDE.

Sur le choix de mon cœur je ne puis rien vous dire;
Mais on verra bientôt qu'il n'avoit pour objèts
Que la grandeur de cet empire,
Et le bonheur de mes sujèts.

ISABELLE, *à* ZULEMA.

Prince, daignés m'entendre.
J'aime mon frere avec ardeur;
A ce frere chéri j'attache mon bonheur;
Réunissés nos fers, ce sera me le rendre.

ZULEMA, *à* OCTAVE.

Octave, vous changés de loi;
Soyés à notre souveraine:

Portés une si belle chaîne ;
Vous êtes plus heureux que moi.

(*On entend un bruit de chasse.*)

ZAÏDE.

Le son bruyant des cors nous annonce la fête.
Livrons-nous aux plaisirs que ce jour nous apprête.

SCÈNE V.

(*ENTRÉE DE CHASSEURS.*)

OCTAVE, ISABELLE, ET LE CHŒUR.

OCTAVE.

DAns ces bois
Suivés l'Amour, suivés ses loix.

CHŒUR.

Dans ces bois.
Suivons l'Amour, suivons ses loix.

OCTAVE ET ISABELLE.

Volés plaisirs, volés à nos voix,
Volés, faites briller tous vos charmes.

CHŒUR, Volés plaisirs, &c.

OCTAVE.

Prends tes armes,
Fais un choix
Des plus beaux traits de ton carquois.

CHŒUR, Dans ces bois, &c.

OCTAVE.

Sans allarmes,
Goutons en paix
Tous ses bienfaits.

OCTAVE ET *ISABELLE.*

Dieux des chasseurs, mêlés à nos accords,
A nos transports
Le son charmant des cors.

CHŒUR.

Aimons tous.

ISABELLE.

Aimés, aimés ; rien n'est si doux.

CHŒUR.

Aimons tous.

OCTAVE.

Suivés l'Amour, suivés ses loix.

ISABELLE.

Volés plaisirs, volés à nos voix.

OCTAVE, ISABELLE, ET LE *CHŒUR.*

Dans ces bois
Suivés l'Amour, suivés ses loix.

(*On danse.*)

ZAÏDE.

L'Amour est à craindre,
Il sait trop bien feindre ;

On doit plaindre
Les amants
Livrés à ſes tourments.
L'Amour eſt à craindre,
Il ſait trop bien feindre;
On doit plaindre,
Juſqu'aux cœurs
Comblés de ſes faveurs.

Enfant dangereux,
Son air en impôſe:
Les tourments qu'il cauſe,
Pour lui ſont des jeux.

L'Amour eſt à craindre,
Il ſait trop bien feindre;
On doit plaindre
Les amants
Livrés à ſes tourments.

L'Amour eſt à craindre,
Il ſait trop bien feindre;
On doit plaindre,
Juſqu'aux cœurs
Comblés de ſes faveurs.

Serments,
Tendre hommage,

Bel âge,
Langage,
Tout flate, tout charme nos ſens :
Si ce dieu n'étoit volage,
Les cœurs amoureux
Seroient trop heureux.

L'Amour eſt à craindre,
Il ſait trop bien feindre ;
On doit plaindre
Les amants
Livrés à ſes tourments.

L'Amour eſt à craindre,
Il ſait trop bien feindre ;
On doit plaindre,
Juſqu'aux cœurs
Comblés de ſes faveurs.

(*On danſe.*)

CHŒUR.

Courons à la chaſſe ;
Lançons nos traits,
Suivons la trace
Des hôtes des forêts.

(*Tout part pour la chaſſe.*)

SCÈNE VI.

ZULEMA, seul.

ON m'écoute, sans colere ;
Mais avec quelle froideur !
Le soupçon jaloux, qui m'éclaire,
Me fait voir un rival vainqueur.

Dans un regard, plus tendre que timide,
J'ai connu d'Almanzor l'espoir ambitïeux ;
Mon ennemi me raviroit Zaïde !
Rompons un himen odïeux.

Cruëlle, affreuse préférence,
Tu portes dans mon cœur le feu de la vengeance.

Observons mon rival, jusqu'au fond des forêts ;
Zaïde y prendra soin d'ajoûter à ma haîne :
Mais qu'elle tremble, l'inhumaine !
Cet amant si chéri tombera sous mes traits.

Cruëlle, affreuse préférence,
Tu portes dans mon cœur le feu de la vengeance.

FIN DU SECOND ACTE.

ACTE TROISIEME.

Le Théâtre repréſente une gallerie, où l'on voit un trône à deux places, pour la fête du mariage de ZAÏDE *&* D'ALMANZOR.

SCÈNE PREMIÈRE.

ALMANZOR, ZAÏDE.

ZAÏDE.

SAns vous, ma mort étoit certaine;
Des portes du trépas votre bras me râmene.

ALMANZOR.

Tout autre eût, comme moi, combattu dans ce jour,
Contre un monſtre en furie:
Je rends grâce à l'Amour
De m'avoir préféré, pour vous ſauver la vie.

Princeſſe, cet aveu, m'échappe, malgré moi;
De languir en ſecret je m'impôſois la loi.

A ſon gré l'Amour nous inſpire;
On reſſent la crainte & l'eſpoir:
L'amant, qui s'eſt fait un devoir
De cacher toûjours ſon martire,
Dans un inſtant, ſans le ſavoir,
Dit tout ce qu'il n'ôſoit pas dire.

ZAÏDE.

Quoi, vous m'aimés! vous ôſés m'en inſtruire!
J'ai banni pour jamais Zulema de ces lieux.

ALMANZOR.

Sans Octave, ſa main me perçoit à vos yeux,
Il me croit trop heureux.

ZAÏDE.

Il a lu dans mon cœur... Ah! c'eſt trop vous en dire.

ALMANZOR.

Quel aveu!.. quel bonheur!.. moment délicïeux!
Votre cœur m'a vengé, la haîne m'abandonne,
Et je dois oublïer un rival furïeux.

ZAÏDE,

Plus vous lui pardonnés, plus il m'eſt odïeux,

ALMANZOR.

Plus vous le haïſſés, & plus je lui pardonne.

SCÊNE

SCENE II.

ZAÏDE, ALMANZOR, OCTAVE.

OCTAVE.

ZUlema vers ces lieux s'avance ;
Tout fuit à ſa préſence ;
Il ſeme ſur ſes pas l'épouvente & l'horreur :
Les amis raſſemblés de ce fameux rebelle,
Dans les cœurs allarmés répandent la terreur.

ALMANZOR.

Mon bras va vous livrer un ſujet infidele.

ZAÏDE.

Soyés deux fois aujourd'hui mon vengeur.

ALMANZOR.

Que ce tître eſt cher à ma gloire !
Il ſuffit à mon cœur,
Pour m'aſſûrer de la victoire.

(Ils ſortent.)

ZAÏDE.

Almanzor, ménagés des jours ſi précïeux...
Mais il ne m'entend plus... il eſt loin de ces lieux.

SCÈNE III.

ZAÏDE, *ſeule.*

DIeu des amants fideles,
Amour, prends ſoin de mon amant.

Jamais tu n'as formé de chaînes auſſi belles,
Protege ton ouvrage, & finis mon tourment.

Le héros que j'adore
A de nouveaux dangers va s'expôſer encore!
C'eſt pour moi ſeule, hélas!
Qu'il brave le trépas.
Que ne puis-je le ſuivre au milieu des allarmes!
Amour, favoriſe ſes armes;
Dans l'horreur des combats
Accompagne ſes pas.

Jamais tu n'as formé de chaînes auſſi belles;
Protege ton ouvrage, & finis mon tourment;
Dieu des amants fideles,
Amour, prends ſoin de mon amant.

SCÈNE IV.

ZAÏDE, ISABELLE.

ZAÏDE.

DOis-je vivre, ou mourir? parle, chere Isabelle.

ISABELLE.

Dans les yeux d'Almanzor le couroux étincelle;
Il marche à son rival; le silence & l'horreur
De ce combat terrible annoncent la fureur.

(*On entend un bruit de guerre.*)

SCÈNE V.

ZAÏDE, ISABELLE, OCTAVE, GUERRIERS, ALMANZOR; *peuples de* GRENADE.

CHŒUR DE GUERRIERS, *derriere le théâtre.*

VIctoire, victoire, victoire.

ZAÏDE, ET *ISABELLE.*

Dieux! quel est le vainqueur?

(*Tout le monde entre.*)

CHŒUR.

Victoire, victoire, victoire.

ZAÏDE, à ALMANZOR.

Enfin je vous revois !

ALMANZOR.

Princeſſe, vous regnés ; tout cede à votre gloire :
J'ai vengé l'amour & vos droits.

Cet odïeux rival, qui bravoit mon courage,
Portoit par-tout l'effroi, la mort & le carnage ;
Tout fuyoit... mais bientôt, par d'utiles efforts,
J'anime nos ſoldats... N'eſpere pas ſurvivre ;
Reconnois ton rival, ardent à te pourſuivre...
Ma vue irrite encor ſa rage & ſes tranſports :
Mille ſoldats mourants éprouvent ſa furie...
Mais il tombe à mes piés, prêt à perdre la vie.
Je vole, & l'ennemi précipite ſes pas ;
Je trïomphe ; on vous cede une immortelle gloire :
L'Amour ſous vos drapeaux enchaîne la Victoire,
Et ramene la Paix dans vos heureux états.

ZAÏDE.

Almanzor, je vous dois la couronne & la vie.

ALMANZOR.

Le ſuprême bonheur de vous avoir ſervie
Me récompenſe aſſés.
Ah ! ma gloire préſente

Efface mes exploits pâssés,
Et remplit mon attente.

ZAÏDE, *à ses peuples.*

Il est tems d'annoncer mon choix
Le vainqueur des tirans doit succéder aux rois :

Je couronne Almanzor : qu'à mes vœux tout réponde.
Jouïssés désormais du bonheur le plus doux.
Avec des sujèts tels que vous,
Il deviendra maître du monde.

LE CHŒUR.

Regnés, qu'à vos vœux tout réponde.
Jouïssons désormais, du bonheur le plus doux.
Avec des maîtres, tels que vous,
Nous le ferons bientôt du monde.

ALMANZOR, à ZAÏDE.

Je dois à votre cœur le trône où je me vois ;
Nous devons tout à la valeur d'Octave.

ZAÏDE.

Reconnoissés en lui le sang des rois.

ALMANZOR, à OCTAVE.

Votre sagesse & vos exploits
Ont, malgré vous, trahi l'esclâve.

ZAÏDE, *à* OCTAVE.

N'imputés qu'à vous seul votre captivité ;
Vous m'avés fait l'injure de me craindre ;
Prince, je cèsse de vous plaindre,
En vous rendant la liberté.

OCTAVE, *au peuple.*

Célébrés ce beau jour,
Célébrés tous ses charmes,
Aimés à votre tour :
Vos cœurs sont faits pour ceder à l'amour ;
Il assûre à-jamais la gloire de vos armes.

LE CHŒUR.

Célébrons ce beau jour,
Célébrons tous ses charmes,
Aimons à notre tour :
Nos cœurs sont faits pour ceder à l'amour ;
Il assûre à-jamais la gloire de nos armes.

(*On danse.*)

SCÈNE DERNIÈRE.

ZAÏDE, ALMANZOR, ISABELLE, OCTAVE; *Peuples de* GRENADE.

ZAÏDE, ALMANZOR, ISABELLE, OCTAVE.

AH! quel bien suprême!
Tout remplit nos vœux;
Notre bonheur est dans nos feux:
Aimons, aimons, on est heureux
Quand on aime.

(*Un divertissement général termine l'Opera.*)

FIN.

APPROBATION.

J'Ai lu, par ordre de Monseigneur le Chancelier, une nouvelle édition de *ZAIDE, Reine de Grenade*, dont l'impression peut être permise. A Paris ce quinze Avril 1770.

DE MONCRIF.

www.ingramcontent.com/pod-product-compliance
Lightning Source LLC
LaVergne TN
LVHW012014160826
845678LV00002B/821
9782329660509